나무와 사람

이 도서의 국립중앙도서관 출판예정도서목록(CIP)은
서지정보유통지원시스템 홈페이지(http://seoji.nl.go.kr)와
국가자료종합목록시스템(http://www.nl.go.kr/kolisnet)에서
이용하실 수 있습니다. (CIP제어번호 : CIP2020031047)

| 한국대표정형시선 061 |

나무와 사람

류미월 시집

고요아침

■ 시인의 말

나무 그늘 밑에서 그늘을
생각한다

초록 일가를 이룬 그늘의 쉼터

詩의 행간에 새록새록
쉬어갈 수 있다면

나무 그늘 아래에 앉아 숲을
생각한다

2020년 8월

류미월

■ 차례

시인의 말　　　　　　　　　　　05

제1부

아버지의 가을　　　　　　　　　13
메밀밭 에피그램　　　　　　　　14
호수　　　　　　　　　　　　　15
억새꽃　　　　　　　　　　　　16
유리의 벽　　　　　　　　　　　17
노랑 이미지　　　　　　　　　　18
그림자 노동　　　　　　　　　　19
신도에서　　　　　　　　　　　20
연기의 시간　　　　　　　　　　21
백목련 독법　　　　　　　　　　22
어느 날 헤어숍　　　　　　　　　23
봄, 저문 날의 삽화　　　　　　　24
너를 기억하는 방식　　　　　　　25
보이스 퀸　　　　　　　　　　　26

제2부

몽당연필	29
카페 비 에이블	30
흰 종의 계보	31
박쥐, 천년 날다	32
사마리칸트	33
미혼대迷魂臺에 홀리다	34
봄비	35
장작을 패다	36
날고 싶은 자음 모음	37
물방울에도 장쾌함이 흐른다	38
꽃무늬 스카프	39
발자국 마일리지	40

제3부

잠실벌 바운스	43
방이 가출했다	44
밤나무 어머니	45
붉은 볏, 솟아나다	46
조간신문	47
순간	48
어떤 처방전	49
너도바람꽃	50
가을의 품	51
배추꽃 피다	52
후계목	53
타로점	54
하얀 날개	55
초승달	56

제4부

입시 열차	59
티티새의 하루	60
된바람, 꽃을 물다	61
대리기사 K 씨	62
압력밥솥	63
침묵의 이력	64
엄지가 말 걸다	66
공원묘지를 지나며	68
나비, 강 건너다	69
붉은 경전을 펼치다	70
빨래의 이력	72
눈뜨고 싶다	73

제5부

기쁨이 슬픔에게	76
중독에 빠지다	77
수족관엔 밤이 없다	78
바람이 전하는 말	79
초록 그늘	80
나무와 사람	81
복사꽃 한나절	82
정방폭포, 용소龍沼에 들다	83
트롯 묘약	84
숟가락, 보시에 관한 짧은 필름	85
유월 꽃다지	86
봄밤 콜라주	87

■ 해설_시조로 자연과 인간,
    세상을 읽어내다 / 황치복   88

1부

아버지의 가을

기러기 소식 물고 강 건너는 오후 4시
해넘이 물들이는 반사경 그 수면 위에
기나긴 목덜미 타고 터진 연밥 까만 속내

덧칠한 유화처럼 말라터진 저수지에
하루만큼 물비늘이 얼부풀기 전 반짝이고
물총새 깃 터는 소리 가을 하늘 가른다

한 생의 겨울 맞는 아버지 움푹 팬 얼굴
서릿발 견뎌낸 후 더운 연밥 또 지으려
속 그늘 품은 동공이 호수마냥 하마 깊다

메밀밭 에피그램*

싸하게 퍼지는가? 짠내음 밭이랑 사이
날것들 비린내를 한 줌 뿌려 숨죽인 듯
와스스!
물방울 경전
가슴 한쪽 매달고

메밀꽃 송이마다 대롱대롱 초롱 달고
종소리 바람 타고 빛과 소금 일궈내네
온몸을
다 내준 자리
소금꽃 눈부신 날

* 에피그램(epigram) : 경구, 짧은 풍자시를 일컬음.

호수

호수의 눈자위가 샛바람에 글썽하다
그리운 것은 모두 높은 점성 가졌는지
잊으려 몸부림칠수록
빠져드는 깊은 늪

호수물이 넘치는 건 슬픈 눈물 때문이지
거미줄에 걸린 구름 무심하게 부려놓고
눈물샘 바닥끝까지
퍼 올리기 때문이지

한 사흘 겨울비가 물과 뭍을 휘적신다
호수의 눈망울이 금세 또 젖어들고
누가 또 그 물속에다
낚싯대를 드리운다

억새꽃

내 생의
흐느낌은
거울 속에 들어있다

정수리에 흔들리는
몇 올 남은 머리카락

굽이진
반생의 길이
성긴 눈발처럼 떨어진다

유리의 벽

오월과 유월 사이 단단한 벽이 있다
풀과 나무 사이에도 거대한 벽이 있다
힘으론 깨트릴 수 없는
저 완고한 유리 천장

라일락꽃 시들어도 지워지지 않는 향기
어질대며 퍼져가는 햇살의 파동에 실려
신기루 벽을 뚫는다
잠든 도시 깨우며

황사빛 구름들이 유혈목이 풀어놓고
뱀딸기 붉은 열매 선악과로 익는 계절
여름이 회전문을 돌아
옥상 난간 넘고 있다

노랑 이미지

밑동이 잘려나간 너른 벌판 벼 포기들
알곡마저 빼앗긴 채 논바닥에 누워있다
차가운 겨울의 문턱 갈바람이 어지럽다

망자의 연미복은 삼베옷 한 벌이라지
구름 일다 스러지듯 그림자 죄 지우고
침묵 속 앙다문 입술 갈 때 알고 떠난다지

수의도 안 걸치고 누운 볏짚 그러모아
고흐가 즐겨 그린 아를의 해바라기처럼
샛노란 물감을 입혀 꽃병 가득 꽂고 싶다

슬프도록 냉혹하게 식어버린 저 들녘에
황금빛 손에 번지듯 지천으로 물들였던
민들레 다시 피는 봄 노랑 꿈을 덧칠한다

그림자 노동*

안내원 대신 서있는 도심 책방 도서검색대
몇 번 누른 엔터키가 책 위치 알려주고
말없이 한 몫의 자리
순식간에 삼켰다

셀프주유 페이결재 슈퍼마켓 무인ATM
하루를 조공하듯 노동력도 진상하는
축적된 시간의 첨탑 속절없이 무너진다

일개미 밥그릇 축낸 실체 없는 그림자들
사람과 사람 사이 막장 하나 파 놓은 채
잠 잊은 스물 네 시간
해가 질 줄 모른다

* 노동을 했지만 보수를 얻지 못하는 무급 활동을 말함.

신도*에서

외딴 섬 교실 두 칸
자물쇠가 걸려 있다

아이들 재잘거림 썰물 따라 몰려간 뒤

개망초 하얀 꽃들만 화단 가득 피어 있다

응달진 처마 밑에 참선하듯 매달린 종

스스로 울지 못해 바람에 몸을 맡기면

알알이
터지는 그리움
파도소리로 울린다

* 전라남도 신안군 하의면에 딸린 섬.

연기의 시간

늙은 노부 목숨 앗고 자식마저 떠난 폐가
숯검정 나뒹굴듯 불꽃 그리 사라졌다
연기는
산 자들 기호
헛헛한 속 달래는

부도난 은발 K씨 줄담배 연신 피워댄다
경계 없는 삶의 부침浮沈 뭉게뭉게 피어나고
자욱한
구름의 변주
집안 가득 맴돈다

예전엔 몰랐었다 철록어미 울 아버지
애간장 녹아내린 아픈 시간 계보란 걸
이 빠진
낡은 재떨이에
한 가계가 절여 있다

백목련 독법

하얀 먹
곱게 찍어
허공중에 매단 편지

누구라도 보란 듯 수취인 주소도 없이

제
몸
을
활활 태우며
봄의 마음 전하고 있다

어느 날 헤어숍

심장 깊이 파고드는 싸늘한 가위 소리
한 여자 자존의 관사冠詞 싹둑싹둑 잘라낸다
촘촘히
박힌 시간들
우수수 떨어진다

억새처럼 반짝이는 몇 올 남은 머리카락
숨죽이며 바라보는 거울이 흔들리고
마지막
너 댓 숱이 살아
깃대처럼 꼿꼿하다

곱슬머리 굽은 길도 돌아보니 넉넉해서
머쓱한 민둥 머리 살짝 앉은 둥근 모자
뼈아픈
속내 감싸고
찍고 있다, 느낌표!

봄, 저문 날의 삽화

깊이 잠든 뻐꾹 시계 고향 집 그 안채에
안부 묻듯 얼굴 내민 빛바랜 가족사진
잘 왔다! 부둥켜안는
빛바랜 눈동자

곳간 한쪽 웅크렸던 놋그릇 이마 위에
편두통 푸른곰팡이 흘림체 끌어안고
한창때 일가의 가전체
꿈결인 듯 누워있다

시간 앞에 무너지다 포개진 옛 그림자
꾸벅꾸벅 졸다 말고 화들짝 놀라 깰 쯤
뒤란의 앵두꽃 무덤
삽화 한 장 개칠한다

너를 기억하는 방식

계곡 어둠 환히 밝힌 너라는 또렷한 별
웅덩이에 얼비치는 지난날 푸른 시간
여울에
떠도는 얼굴
단풍잎에 밀려난다

바위틈에 떨어지다 물보라로 일어서고
가는 길 알지 못해 내달리다 숨 고르는
저 백담百潭
깊은 물줄기
실뱀처럼 꿈틀댄다

청바지 툭 찢어진 젊은 날의 객기인가
속내 잠깐 내비치는 늦가을 설악 앞에
새하얀
구름 한 장이
유년으로 가고 있다

보이스 퀸*

거침없이 큰 드럼통 세탁물 잡도리하듯
찌들고 억눌렸던 아우성이 휘몰아친다
평생의 첫 드레스에
얼굴 살짝 붉힌 채

몸 안에 그런 울음 어찌 그리 숨겼을까
절규하듯 포효하듯 내지르는 노랫소리
방청석 구경꾼들도
한껏 달아 환호하고

주부라는 이름 떼고 닿고 싶은 퀸의 자리
밥심으로 뚝심으로 아랫배 힘을 주고
서러운 무명의 세월
그림자를 지운다

---

* 종합편성채널 MBN에서 방송하는 주부끼리 노래실력을 겨루는 음악 프로그램.

2부

몽당연필

사랑이라
말할께요
지우고 다시 써도

당신 향한 내 마음이 숯덩이가 될 때까지

온전히
그대 손에서
혼절하길 기다린다고

카페 비 에이블

하루를 반납한 뒤 낯선 세상 구석에서
커피 대신 마셔대는 이방인 검은 고독
한순간 다림질한다
오그라든 하루의 주름

반나절 삼킨 볼펜 백지를 장식하고
오래된 긴장의 눈길 내일을 두드린다
구조선 애타게 기다리는
난파선 조난자로

산다는 건 반복일 뿐 리필로 채운 음료
원두 가는 그 쇳소리 귀청 마구 후벼댈 때
폭풍 속 장막을 뚫듯
긴 어둠 침잠한다

흰 종의 계보

아린 향 코끝 머문 오월의 젖은 길목
아카시 꽃숭어리 새하얀 함성 지르고
녹이 슨
휘파람 소리
귓바퀴에 감긴다

활활 타던 그 불꽃이 사위어간 자리마다
몸피 없는 뉘의 체취 하얀 붕대 칭칭 감고
조각난
필름을 모아
구름처럼 서리는가

초록 모자, 고깔 쓰고 몰려오는 꽃의 행진
그날의 뜨거운 입김 눈송이를 가득 달고
꿀벌의
레퀴엠 연주,
자유의 종 치고 있다

박쥐, 천년 날다

궁궐 뒤뜰 담장 벽엔 검은 박쥐 웅크리고
어제인 듯 새긴 날개 조선 눈빛 품은 채로
십장생, 솔 향기 이고
너른 마당 거닌다

안채 마마 뒤태 같은 자경전* 저 자목련
홍조 띤 얼굴마다 야사野史 한 줄 스민 건지
치받든 서울 하늘이
대를 잇는 화엄이다

금빛 새벽 물고 나는 복 짓는 부리 끝에
인왕산 봄 햇살 몇 톨 조근조근 내려앉아
천 년을 지키는 품새
면벽하듯 으늑하다

* 자경전 : 경복궁의 내전이며 대왕대비가 거처하던 대비전이다.

사마리칸트*

광희동에 스며드는 매콤한 머나먼 향
평원의 구름 한 점 양꼬치에 피어나고
불모지 일구어가는
바람의 손 투박하다

낡은 벽 아라베스크 우리말을 닮는 건지
바다 건넌 들숨 날숨 문양마다 맺혀있다
긴 행군 비단길인 양
식당의 밤 와자하고

동살에 금빛 물고 기지개 켠 저 유목민
둥지 튼 그 거리에 저린 땀, 방울 맺혀
내 나라 물들여가는
골목 안이 환하다

* 광희동에 있는 우즈베키스탄의 도시이름을 딴 식당 이름. 현지인들이 식당을 운영한다.

미혼대迷魂臺*에 홀리다

달려들 듯 포효하다 돌연 방긋 손짓하는
기암괴석 펼쳐지는 숲 우듬지 파노라마
뉘 빚은 걸작품인가
줄을 잇는 감탄사!

솔 붓으로 그려냈나 찰흙 물감 흠뻑 묻혀
열병 행진 바위마다 불 밝힌 층층 노송
말씀의 구중궁궐 속
무릉도원 코앞인가

바람마저 황홀한지 멈춰 서는 미혼대엔
주름도 휘굽은 길 틈새마다 금박이다
봉봉이 스민 설움도
금빛 물고 환하다

* 미혼대 : 중국 장가계 지역 중의 하나인 원가계의 절경을 잘 보기 위해 만들어 놓은 전망대, 경치가 하도 아름다워 정신이 혼미해 진다는 곳이다.

봄비

척!
안다
안 보고도
하늘 젖 퉁퉁 불어

제 자식 배고플까 타는 허기 목마를까

봄비로
오시는 어머니
연신 젖을 물린다

장작을 패다

눈자위 풀린건가 나뒹구는 나무 토막
하늘 여는 고함소리 소스라친 저 참나무
손 서툰 벌목공처럼
버름하게 누워 있다

한 세대 떠난 밑동 양지언덕 뿌리 내려
제 도끼에 발등 찍힐까 조심스런 이모작에
강렬한 불꽃 꿈꾼다
귀농일기 환히 펼칠

마지막 자존심마저 쪼갤 순 없는건지
덜 마른 등걸 위에 파열음 입을 닫고
날 세워 허세를 찍자
오롯해진 꿈 하나

날고 싶은 자음 모음

눈물 한 술 웃음 한 술 번갈아 삼키는가
원고지 칸칸마다 날을 벼린 한판 승부
옹기에 발효된 글이
장독대에 안치되고

우체국 재바르게 드나들던 종종걸음
숨죽인 새해 일출 놀빛으로 스러져도
또 다시 활갯짓 한다,
날고 싶은 자음 모음

다듬고 조인 문장 고목에도 피가 돌듯
말의 꽃 또 피어난다, 구겨진 파지 위에
어둠을 물리칠 변말
서정 속에 잠긴다

물방울에도 장쾌함이 흐른다

허물 벗듯 떨어진다, 하루만큼 찌든 몸때
접미사가 아름다운 양털구름 떠다닐 쯤
물기둥 등줄기 치는
샤워기가 춤추고

살내 자욱 안개 따라 들숨날숨 잠잠할 때
가슴 한쪽 멍든 속내 물비늘에 스며들어
뼈마디 웅크린 수심
입가 주름 얇아진다

살아갈 날 하! 먹먹해 몸속으로 숨은 핏줄
제 모습 고개 드는 저 장쾌한 물방울들
세상일 모르겠다고
펄펄 끓듯 아우성친다

꽃무늬 스카프

유품을 정돈하다 눈에 밟힌 그 스카프
기나긴 날 휘감았던 지나온 저린 얼룩
어머니 가루분 체취
꽃잎 위에 실어온다

장롱 속 수납장에 잠자듯 가물거리고
어느 날 먼지 털다 발등에 툭 떨어진
한순간 소름 돋듯이
꽃무늬가 고개 든다

말로는 차마 못해 안부 묻는 몸짓으로
강 건너 보내오는 후드득 매화 소식
어느새 또 봄이 오려나
거울 앞이 환하다

발자국 마일리지

한 토막 몽실 구름 너의 인연 예까진가
반생의 얼룩무늬 석양 노을 비껴있고
등과 굽
휘어진 허리
초승달로 걸려있다

산비탈 진흙탕 길 난바다 대서양까지
지친 바닥 뒤꿈치에 그림자로 뒤척이던
지나온
발자국마다
푸른빛이 일렁인다

이국 살이 눈 귀 코에 번뜩이던 검은 얼굴
뼈마디 바람 깃든 낡은 뒤축 토닥이며
내딛는
마일리지가
생의 궤적 돌고 돈다

3부

잠실벌 바운스*

엉킨 속내 풀어내듯 주룩주룩 비 내리고
잠실벌 들었다 놓는 가왕의 청량 창법
전자음 불빛을 물고
하늘 멀리 편지 쓴다

튕기는 빗방울에 지난날이 되살아나고
바운스 물결 따라 젊은 한때 일어선다
팔색조 폭넓은 음역에
빈 가슴 뻥! 뚫린다

아직 늦지 않았다고 뒤흔드는 저 멜로디
방울방울 음표 너머 맑은 음색 녹아내려
추락은 비행의 시작,
바닥치고 치솟는다

* 서울 잠실종합운동장 주경기장에서 열린 '조용필 50주년 기념 콘서트'에서 조용필이 부른 노래 중 한 곡.

방이 가출했다

식구 대신 환히 맞는 발길 멈춘 카페에는
김밥 한 줄 두 배 넘는 폼나는 커피 한 잔
좁은 방 박차고 나온
시린 젊음 녹이고

요양원, 원룸 고시텔 거리 시위 나온 듯이
줄줄이 사탕처럼 한 집 건너 즐비한가?
급기야 죽음마저도
딴 집에서 맞고 마는

아랫목 따뜻한 방 낯선 번지 쪽잠 잘 때
사람마저 떠난 집엔 흰 고요만 바닥 쓸고
웃음꽃 피어오르던
정든 방을 찾습니다

밤나무 어머니

바람은 옹기종기 식솔처럼 따라와서
침묵으로 느런히 선 밤나무 숲 뒤흔들고
알알이 굵어진 송이
수런수런 일렁인다

알밤 툭! 떨어진다 앙다문 입 궁금한지
가시 발린 오동통한 말씀들이 쌓여간다
오십견 가파른 언덕
떨어지는 우박같이

보듬는 그 약손으로 "애야! 애야, 별일 없니?"
길 떠나신 어머니가 정문일침頂門一鍼 일깨우나
우듬지 환한 밤나무
양팔 벌리고 서있다

붉은 볏, 솟아나다

FTA 된바람에 볏을 잃은 양계농가
몰려오는 조류독감 하얀 소름 돋아나고
쓰나미 겹겹의 파도
이장 박 씨 속만 탄다

깜깜해요! 입도 못 뗀 생매장 어린 숨결
연체통지 날아들어 아린 자리 가슴마다
후드득 그 꽃 볏 떨어져
검붉게 번지는가

백신이 필요해요! 주사바늘 하늘에 꽂고
샛노란 꿈 퍼덕이는 바구니 속 저 유정란
희망은 종신형이다
횃대차고 비상할!

조간신문

동녘 하늘 밝아온다 새벽을 밀어내며
감춰둔 속내평이 골목마다 드러날 때

얼비친
회색 실루엣
청소차에 실려간다

온라인 달군 소식 밤새워 밀려와도
물씬한 잉크 냄새 각성제로 살아나서

또 하루
어둠을 걷고
잠든 세상 깨운다

순간

눈맞춤
몇 번 만에
온데간데 없어진 꽃

초록 잎 꿈틀대는 왕벚나무 가지 사이

흰 구름
머물다 간다

너도 한때 그랬다

어떤 처방전

비발디 「사계」처럼 마을버스 흥에 겹다
하지를 슬쩍 넘긴 늪보다 깊은 한낮
감기던 천근 눈꺼풀
연꽃인양 활짝 핀다

음역을 넘나드는 선율 정류장 따라 돌고
역마다 잠시 잠깐 내려놓는 하루 무게
내 안의 오래된 얼룩
표백하듯 지워진다

한시름 잠재우는 너울너울 강물 위로
머릿속 엉킨 타래 쓸어내린 바이올린
처방도 남다른 처방
눈빛 환히 맑아진다

너도바람꽃

눈길 외진 그 둔덕에 다시 핀 하얀 울음
금빛 양달 비켜선 듯 응달에서 분 바르고
눈석임 머리에 이고
겨울의 강 건넜을까

잠시 스쳐 사라지는 아네모스* 너도 바람
입술 가득 못다 한 말 고조곤히 연둣빛
바람이 머물다간 자리
가전체를 거푸 쓴다

까치발 딛고선 거기 불 밝힌 골짜기에
느루 펼친 상형문자 옹기종기 심어놓고
이 나라 먹빛 하늘에
비밀 하나 매다는가?

* 아네모스 : 그리스어(Anemos:바람)에서 유래된 것으로 알려져 있다.

가을의 품

어깨 힘 풀어진 날엔 공원 벤치 앉아본다
헝클어진 머릿속을 바람이 빗겨주어도

시든 꽃
지는 향기는
가슴 그늘 늘려간다

주름살이 하나 늘면 사람 품도 넓어질까
누구를 품는다는 건 제 속 먼저 비우는 일

큰 거울
투명 하늘에
마음 자락 펼친다

배추꽃 피다

푸른 기세 살짝 절여 동안거 들어갔나?
고갱이 속살 사이 매운 다짐 꼭 여민 채
맏형님 넓은 품 같은
큰 잎으로 휘감고

곰팡이 난 어느 하루 씻기고 발효되어
반쪽 포갠 시린 허기 사르르 절로 녹는
한겨울 참선을 하듯
항아리 속 익어간다

밥도둑 불러오는 상 위에 개운한 맛
동자승 웃음꽃으로 피어나는 배추김치
이우는 꽃잎의 공양
불씨 한 켜 돋운다

후계목*

키 높이 재고 있는 새아기 정이품송
사람보다 깊은 속내 바다 같은 저 다복솔
세조의 너른 품 아래
대를 잇는 그림자로

수백 년 공손하던 등 굽은 아비 떠나
크낙새 숲속 쪼는 추임새 높은 곳에
한 줄기 역사의 큰 맥
오늘 여기 잇는가?

부모 형제 난 몰라요 메마른 이승 한낮
발길 잡는 낯선 벼슬 시대를 성큼 건너
솔 향기 깊이 밴 뿌리
왕조 너머 뻗는다

* 후계목 : 문화재청의 허가를 받아 천연기념물 식물에서 종자나 삽수를 채취하여 육성하는 나무를 말함.

타로점

이리泥犁와 극락 귀띔하는 홍대 앞 그림점 집
새로 쓰는 운세 있나 흘끔흘끔 훔쳐보다
혹시나 무지개 뜰까
구름 밀고 들어선다

시간을 뒤집어도 반전 없는 미로 속을
끝 모를 그림자가 타박타박 끌고 간다
가로수 손뼉을 치고
꿈결처럼 반기고

거미줄 걷어내면 맑은 하늘 트여 올까
카드 행간 읽어내는 울고 웃는 생의 허구虛構
눈가의 잔주름 걷고
느낌표를 턱! 찍을까

하얀 날개

하늘가 걸어놓은 아득한 팔랑개비
돌돌 마는 실바람에 신명난 듯 빙빙 돈다
바람을 부르는 손길
밤낮으로 모으고

가슴 죄던 한여름의 대관령 고갯마루
쪽잠 든 이내마저 불러 모아 길을 트고
푸르른 돌기를 세워
어둠 한 줌 밝힌다

제3의 불 재앙 너머 사원 불씨 되살리는
새로운 빛 찾아 나선 헤스티아* 타오른 눈
티 없이 햇살을 잣는
날갯짓이 환하다

* 그리스신화에 나오는 불과 화로의 여신.

초승달

논배미에
움푹 팬
아버지의 주름살

물여울 그늘을 부려 머리를 식혀주고

바람이
폈다 접었다
이마를 어루만진다

4부

입시 열차

교복도 후줄근한 시르죽은 귀갓길엔
책가방에 앉은 달빛 평행선 되비추고
등줄기 식은땀 타고
실력 한 줄 더하는가

볼펜 똥 지린 자리 숨소리 잦아들고
정답 찾는 시린 손끝 조바심 불꽃 일어
등신불 타들어 가는
고비마다 시름겹다

북적대는 입시 열차 입석표도 매진될까
종착역 가닿기 전 몸살 앓는 검은 연기
차 떠난 빈 모서리에
홀로 핀 꽃 돋올하다

티티새의 하루
― 요양원에서

날갯죽지 접고 있다 둥지 옮긴 아비새가
비바람에 엉겨 붙은 흙먼지 털어내고
속울음 삼키는 저녁
어미 살내 맡고 있다

퀭한 두 눈 깜빡이며 남은 초록 쪼아대다
야윈 얼굴 맨다리로 외딴집 되돌아 나와
침묵의 그루터기에
하얀 깃털 나부낀다

잎마름병 번진 줄기 비어가는 관절마다
활짝 핀 꽃잎들이 한 잎 두 잎 떨어진다
떠밀린 당신들의 천국*
뉘를 위한 천국인가

* 이청준 소설 제목에서 차용.

된바람, 꽃을 물다

장산곶 굽어보는 백령도에 서린 안개
통증 앓는 바다허리 수심愁心 점점 깊어지고
철없는 물고기 떼만
경계 없이 넘나든다

빈 하늘 갈매기 떼 어린진魚鱗陳 필법인데
비수 서로 겨눈 채 거센 파도 일렁일까
NLL 걸린 속내만
거품 물고 보글댄다

꼭 조인 허리띠가 느슨하게 풀어낼 쯤
어선 한쪽 부푼 소식 달빛 아래 바람 타고
난바다 뚫고 피는 꽃,
무궁화꽃 번지는가?

대리기사 K 씨

밤낮이 뒤바뀐 날 우화를 꿈꾸는가?
발품 파는 겹 벌이 빚 풍선 줄지 않고
취객을 볼모 잡은 듯
총알같이 달린 하루

밤새워 톱질하고 어둠 한 쪽 잘라내도
반지하 단칸방에 똬리 트는 시린 허기
도심의 엉킨 실핏줄
울혈처럼 맺혀 있다

구겨진 살림살이 언제쯤 펴질 건가
목울대를 간질이는 맴맴맴! 호출음들
터진 등, 껍질을 깨고
제 몸 풀어 날개 펼까?

압력밥솥

초대도
안 했는데
살금살금 놀러 와서

첫새벽 칙칙폭폭 힘차게 달리자고

식구들
잠 깨워 태우는
우리 집 꼬마열차

침묵의 이력

남당리 서해 포구 동백꽃 타오를 때
팔각정 숲 언저리 빙빙 돌던 새 한 마리

하늘길
멀어진 길목
둥지 튼다, 갯벌 속에

탁란하는 뻐꾸기처럼 조개알 품에 안고
퍼덕이던 날개 접어 한입 가득 앙다문 채

비상을
꿈꾸고 있나
검은 갈기 곤추세워

허방다리 지나온 듯 나직한 파도 소리
불 밝힌 수족관에 바닥 훑는 둥근 혀로

꾹! 꾹! 꾹!
침묵의 이력
물방울로 토해낸다

엄지가 말 걸다

반질거린 엄지손톱 이야기를 잇고 있다
에돌아온 굽은 길이 물뱀처럼 사라지고

아뿔싸!
가지 못하는
숲속 어름 누워있다

손가락 틈새 사이 빠져나간 시간들이
네일아트 색색마다 야생화 흐드러지고

어느새
닳아진 반달
자판 위에 얹어 있다

봉숭아꽃 물고 가는 비릿한 강물 너머
무좀처럼 파고들어 쩍쩍 금 간 중년 손결

엄지를

우뚝 치세워

푸른 쉼표 찍는다

공원묘지를 지나며

어제까지 키를 재던 푸른 숲도 허물어져
날개 접고 누운 침묵 육탈의 요철 앞에
급물살 휘돌던 들숨도
미풍으로 흐르고

묘지 앞을 지켜서다 차창에 입맞춘 낙엽
나뒹구는 노숙마냥 맵짠 바람 몰아올 쯤
실핏줄 내비게이션
비명 질러 길을 낸다

바퀴마다 감긴 시간 탕진할 것 하나 없어
행간 사이 못다 한 말 곰비임비 아쉬운지
저무는 한 점 노을이
풀잎 수화 한창이다

나비, 강 건너다

너울 바다 넘나들다 한 뼘 땅에 닻 내린다
파르르 떠는 입술 일자수평 一字水平 꼭 다물고
이승의 마지막 호사
발그스름 단장한다

누런 수의 겹겹 입고 발꿈치 새길 불러
가슴 사이 날 선 비늘 노잣돈 걸어놓고
난 바다 헤쳐가려나
등뼈 잠시 꿈틀댄다

레테의 강 건너가면 가 닿을까 환한 세상
그 한나절 아찔했던 지상 어느 나비의 꿈
움푹 팬 발자국 사이
꽃씨 우뚝 피어난다

붉은 경전을 펼치다
― 낙조

하루 접고 집을 찾는 뒷모습이 붉디붉다
오늘 한 장 시한부 삶 염화미소 낙관 찍은

사위기
직전의 불꽃
심장 박동 장엄하다

낱장마다 피운 꽃잎 얼룩으로 시린 비애
흘림체로 떨어진다 묵언의 굳은 말씀

해조음
파랑 줄 긋고
내달리는 둥근 바퀴

시간 페달 밟을수록 쌓여가는 책의 이력
고요 속 푸른 바다 어제보다 수심 깊다

또 한 장
지우는 얼굴
핏빛 하늘 태운다

빨래의 이력

내 슬픔도
지워질까
두드리고 비벼 빨면

산소계 표백제로도
씻지 못한 황사의 봄

새들도
부리를 닫고
잿빛 하늘 떠메고 간다

눈뜨고 싶다

동네 슈퍼 모퉁이에 잘나가던 남도횟집
불 끄고 눈 감더니 마침내 임시휴업
수족관
광어 세 마리
숨소리가 거칠다

탁한 물 뜸한 발길 지느러미 바닥 길 때
그늘진 얼굴 위에 표정 없는 퉁방울눈
활어회
싱싱한 꿈도
거품 물고 보글댄다

무릎관절 다 닳도록 지역 경기 낮은 포복
방어 떼 등 푸른 물결 언제쯤 몰려올까
밤 잊은
집어등처럼
알전구는 눈뜨고 싶다

5부

기쁨이 슬픔에게

물결은 침묵으로 왔다간 되밀리고
연인끼리 남기고 간 발자국 엽서 위에
먼 곳의 슬픔을 실어와
내려놓는 갈매기

백사장을 쪼아댄다 콕콕콕 노란 부리로
해답 없는 생의 물음 기적汽笛처럼 성자처럼
파도에 세상의 파도 스러졌다 또 인다

기지개 활짝 켜고 물방울 연주하며
웃었다 멍들었다 경계 없이 넘나드는
파도여 너는 누가 보낸
봄의 야누스인가?

중독에 빠지다

엄지가 신들렸다 네모 위에 너울질로
중독된 시간 속을 넘나드는 환한 불빛
화성인
불시착했나
교란 신호 뜨악하다

스마트폰 봇물 터져 살가운 말 사라지고
풀지 못한 상형문자 속삭임이 간절하다
블랙홀
허우적대는
일개미의 먹먹함을

다디단 꿈 냉큼 깨운 후드득 알림 문자
걸음마다 끌고 가는 뵈지 않는 족쇄인가
탈출을
기도하는가
땀에 젖은 피에로!

수족관엔 밤이 없다

발길 절로 멈춰 선다 물 비린 에움길에
고요 그도 숨죽이는 불야성 수족관 속
긴 꼬리 살랑대면서
아가미를 반짝이고

양수처럼 포근한 바다 툭 차고 벗어나서
수평선 머나먼 곳 울타리 안 유영하는가?
팽팽한 입시 그물을 뚫고 나올 몸부림으로

먹고 먹히는 법칙 밤을 잡힌 좁은 문틈
잠깐 졸면 살점 찢긴 먹피의 밤이 올까
온몸이 발광체 되어
심해 터널 건넌다

바람이 전하는 말

청보리밭 보고 싶다 다른 은유 출렁인다
이름 석 자 흐려지다 내 앞에 선 명지바람
간절함 꾹꾹 눌러쓴
초록 편지 넘긴다

발화하지 않아도 행간行間이 휘감는 말
앙다문 고요한 입 침묵으로 손 내밀어
언제든 단숨에 가는
버팀목으로 서있다

혼자여도 가슴 트인 나는 당신의 바람
아무 데도 어디에도 없다가 있는 그림자
긴 시간 견디지 못해
햇살 아래 다시 선다

초록 그늘

나무들의 뜨거운 숨
땅속 깊이 파고든다

맨몸으로 먼 뿌리 끝까지 닿고 닿아

온 산맥
물결 흐르는
어깨 겨눈 푸른 파도

나무와 사람

살구와 자두나무를 접붙여서 심는 날
햇살과 바람에 새 울음이 새살 돋고
볼 탱탱 다디단 과실
열리는 꿈을 꾼다

거름 주고 가지치기 사람의 일이라면
목마를 때 비 흠뻑 내리는 건 하늘의 일
둘이서 한 몸이 되어
무성하게 번진다

해도 해도 죽어라 안 되는 일 비일비재
나무와 사람 사는 일 어디 크게 다를까
나무도 제 할 일 다해
금빛나는 과일들

복사꽃 한나절

성성한 생의 마디 꾹! 짜서 덧칠했나
분홍 분홍 꽃분홍이 안개인 듯 구름인 듯

멈춰서
가만히 본다
한때 내가 거기 있다

단칸방 물들이던 색과 향은 흐릿해져
저물 일만 남았어도 하! 서럽지 않다고

새봄을
뿜어 올린다
가지 끝에 손끝에

정방폭포, 용소龍沼에 들다

물줄기 혼비백산 오도송을 외는 하루
가슴 훑고 깊이깊이 가라앉은 저 폭포수
기착지寄着地 숨을 고르고
빗살무늬 그린다

숨탄것들 넘실넘실 밤낮없이 일렁이고
흰 이빨 드러낸 채 간절기도 목이 메듯
물보라 두 손 모으고
바람 이마 가른다

반짝이는 물빛들이 오랜 침묵 어둠 뚫고
너울 파도 몸 던질 때 죽음 다 물리치고
바람 굿 잔치를 따라
되지르는 물의 함성

트롯 묘약

나도 몰래 빠져든다 한밤의 미스터 트롯*
인생사 굽이굽이 타고 넘는 노랫가락

한 소절
꺾인 자리에
아버지가 앉아있다

어룽진 뒤안길을 어찌 그리 풀어낼까
들으면 들을수록 울다 웃는 반전이라니

울혈 든
애년艾年의 시간
네 박자로 뚫는다

* 케이블 TV 채널의 트롯 경연 프로그램.

숟가락, 보시에 관한 짧은 필름

허름한 국밥집에 번을 서는 밥숟가락
간단없이 목구멍을 들명나명 공양해온
뜨겁게 몸을 녹이는
봉긋 솟은 손등이다

감자 싹 파란 멍울 도려내며 잠재우고
날카로운 칼날 대신 예를 갖춘 굽은 허리
얇아진 가장자리엔
눈빛 절로 반짝인다

두레상에 둘러앉아 달그락 화음을 낼 때
이야기꽃 피워 올린 그 몸짓 따사롭다
모질게 닳아질수록
배가 불룩! 큰 보시

유월 꽃다지

한때는 폭발하는 활화산 불꽃이었네
곧은 심지 수직으로 타오르다 작아진 꽃

대지에
입을 맞춘다
지팡이 든 순이 할매

하늘로만 솟구치던 노란 욕망 떨쳐내고
키를 낮춘 들판 가득 별이 되어 돌아왔네

주연을
내어준 자리
봄이 성큼 가고 있다

봄밤 콜라주

어둠 한쪽
도려낸다
보름달 촉수를 높여

목련꽃 샹들리에 어둠 환히 밝히는 밤

떨리는
연인의 눈빛
우주가 출렁! 한다

■해설
시조로 자연과 인간, 세상을 읽어내다

황치복
문학평론가

1. 아버지와 어머니, 세상의 근원

 2014년 ≪월간문학≫ 시조부문 신인상에 당선되어 문단에 나온 류미월 시인의 첫 번째 시조집이다. 보통 대부분의 시인들이 첫 번째 시집에서 지금까지 살아온 개인의 과거사를 고백하듯 류미월 시인의 첫 번째 시조집 또한 예외가 아니다. 류미월 시인의 첫 시조집에서도 아버지와 어머니를 토대로 구축되는 소우주인 가족 속에서의 자아라는 구도로 개인의 과거사가 회고되고 있으며, 아버지와 어머니의 신산한 삶의 여정이 반추되고 있기도 하다. 또한 시인의 관심은 시야를 확대하여 자연과 사회로 나아가고 있는데, 자연은 하나의 경전과 같은 것으로 수용되고 있는데 반해, 현실은 부조리한 것으로 받아들여지고 있다는 점에서 첨예한 대조를 이룬다.

그리고 마지막으로 시인의 관심은 가족과 자연, 사회와 현실을 지배하는 '시간'으로 향하는데, 시간은 그 파괴적인 속성으로 인해서 회한悔恨과 아쉬움의 정동을 산출하는 기제일 뿐만 아니라, 그 유한성과 순간성의 속성으로 인해 아름다움과 그리움의 정동을 산출하는 것으로 수용된다. 결국 류미월 시인은 첫 시조집에서 시조를 통해 그동안 살아온 과거를 반추하면서 인간과 자연, 사회와 현실을 읽어내는 작업에 몰두하고 있는 셈이다. 시인은 시조의 안정적인 형식과 가락을 직조하면서 그 안에 시인이 읽어낸 인간과 세계의 본상을 그려 넣고 있는데, 그 묘사가 절절하면서도 아름다운 무늬를 담고 있어서 시조의 품격과 아름다움을 한껏 과시하고 있다.

먼저 시인이 그리고 있는 삶의 토대로서 아버지와 어머니의 삶을 들여다보자.

> 기러기 소식 물고 강 건너는 오후 4시
> 해넘이 물들이는 반사경 그 수면 위에
> 기나긴 목덜미 타고 터진 연밥 까만 속내
>
> 덧칠한 유화처럼 말라터진 저수지에
> 하루만큼 물비늘이 얼부풀기 전 반짝이고
> 물총새 깃 터는 소리 가을 하늘 가른다

> 한 생의 겨울 맞는 아버지 움푹 팬 얼굴
> 서릿발 견뎌낸 후 더운 연밥 또 지으려
> 속 그늘 품은 동공이 호수마냥 하마 깊다
> ─「아버지의 가을」 전문

아버지의 한 평생의 모습이 묘사되고 있다. "오후 네 시", 그리고 "해넘이"라든가 "한 생의 겨울" 등이 아버지의 한평생이 기울고 있음을 알려주고 있다. 아버지는 이제 석양의 노을 같은 시기를 보내고 있으며, 곧 해넘이를 맞이할 것이라는 사실을 미루어 짐작할 수 있다. 그래서 아버지의 삶은 더욱 애처롭고 안타까운 정서를 자아낸다.

그동안의 삶의 모습은 어떤가? "연밥 까만 속내"라든가 "말라터진 저수지", 그리고 "움푹 팬 얼굴" 등의 이미지들이 저간의 사정을 암시하고 있다. 신산하고 고통스러운 삶의 역정이 이러한 이미지 속에는 담겨 있다. 특히 "서릿발 견뎌낸 후 더운 연밥 또 지으려"라는 구절에는 노동과 생산으로 일관했던 단순하고 올곧은 아버지의 삶과 뚜렷한 가치관이 담겨 있으며, "속 그늘 품은 동공이 호수마냥 하마 깊다"라는 구절에는 세월과 함께 깊어가는 아버지 인생의 그윽한 국면이 오롯이 담겨 있기도 하다. 시인 삶의 한 근원으로 작용하는 아버지의 삶은 석양의 노을처럼 익어가며 깊어가고 있는데, 그동안 아버지의 삶에 깃든 고통과 아픔, 시련과 애환이 거기에 녹아 있어 감동을 자아내고 있다. 묵언으로 묵묵히 그 삶의 무게를 견뎌온 아버지의 삶 자체가 감동의 원천이 되는 것이다. 다음 작품도 이 땅의 아버지들이 겪어야 하는 신산한 삶이 펼쳐져 있다.

> 늙은 노부 목숨 앗고 자식마저 떠난 폐가
> 숯검정 나뒹굴듯 불꽃 그리 사라졌다
> 연기는
> 산 자들 기호
> 헛헛한 속 달래는
>
> 부도난 은발 K 씨 줄담배 연신 피워댄다
> 경계 없는 삶의 부침浮沈 뭉게뭉게 피어나고
> 자욱한
> 구름의 변주
> 집안 가득 맴돈다
>
> 예전엔 몰랐었다 철록어미 울 아버지
> 애간장 녹아내린 아픈 시간 계보란 걸
> 이 빠진
> 낡은 재떨이에
> 한 가계가 절어 있다
> ―「연기의 시간」 전문

"연기의 시간"이란 고통을 음미하고 순화하여 그것을 발효시키는 시간이라고 할 수 있다. 이 시에는 세 명의 아버지들이 등장하는데, "늙은 노부"와 "부도난 은발 K씨" 그리고 "철록어미 울 아버지"이다. 늙은 노부의 경우, 그의 목숨이 끝나자 자식은 떠나고 집은 폐가가 되어 사그라진 불꽃처럼 한 가계가 몰락하게 된다. 부도를 맞은 은발의 K씨는 탈출구 없는 집안에 갇혀 "줄담배"만 "연신 피워대"고, 집안은 자욱한 연기에 휩싸이게 된다. 아버지의 삶은 어떤가? 그 또한 담배를 쉬지 않고 피우는 "철록어미"이며, 줄담배를 통해서 "애간장 녹아내린 아픈 시간"을 견뎌 왔다.

그러니까 늙은 노부나 부도난 은발의 K씨나 울 아버지 등 이 땅의 아버지들은 "연기의 시간"을 통해서 자신의 신산한 삶을 견뎌 왔으며, 그 고통을 달래 왔던 것이다. 그래서 "연기의 시간"이란 "헛헛한 속 달래는" 시간이기도 하고, "삶의 부침浮沈"을 묵묵히 순화시켜 온 시간이기도 하다. "이 빠진 낡은 재떨이"는 이 연기의 시간을 묵묵히 대변해주는 화석과 같은 사물이기도 한데, 거기에는 "한 가계가 절여 있다"는 구절에서 알 수 있듯이 한 가계를 지탱하기 위한 아버지들의 한숨과 애환이 응결되어 있다고 할 수 있다. 이처럼 이 빠진 낡은 재떨이에서 응결되어 있는 한 가계의 역사를 읽어내는 시인의 시선에는 이 땅의 아버지들에 대한 연민과 공감의 서정으로 넘쳐나고 있다. 아버지에 대한 시조를 한 편 더 읽어보자.

> 날갯죽지 접고 있다 둥지 옮긴 아비새가
> 비바람에 엉겨 붙은 흙먼지 털어내고
> 속울음 삼키는 저녁
> 어미 살내 맡고 있다
>
> 퀭한 두 눈 깜빡이며 남은 초록 쪼아대다
> 야윈 얼굴 맨다리로 외딴집 되돌아 나와
> 침묵의 그루터기에
> 하얀 깃털 나부낀다
>
> 잎마름병 번진 줄기 비어가는 관절마다
> 활짝 핀 꽃잎들이 한 잎 두 잎 떨어진다
> 떠밀린 당신들의 천국
> 뉘를 위한 천국인가
> ―「티티새의 하루―요양원에서」 전문

애환과 한숨으로 "연기의 시간"을 보낸 아버지가 이제 티티새, 혹은 개똥지빠귀가 되어 새장에 갇히듯이 요양원에 갇혀 시간을 보내고 있다. 그는 새처럼 "날갯죽지"를 "접고 있다"는 점에서 삶의 여정을 마무리하려고 하고 있으며, 수구초심首丘初心이라고 해서 죽음에 당도한 여우가 고향을 그리워하듯이 근원적인 존재인

"어미"를 찾으며 그 "살내"를 "맡고 있다." 새처럼 요양원이라는 새장에 갇힌 아버지는 나뭇잎이 말라가듯이 말라가고 있다. "퀭한 두 눈"이라든가 "야윈 얼굴", 그리고 "잎마름병 번진 줄기"라든가 "비어가는 관절" 등의 구절들이 몸에서 양분과 수분이 빠져나가며 이승과 저승의 문턱으로 다가가고 있는 아버지의 모습을 애절하게 드러내고 있다.

이러한 상황에서도 시적 주인공인 아버지는 "속울음 삼키는" 절제를 보여주고 있으며, "침묵의 그루터기에 하얀 깃털 나부끼"듯이 묵언으로 자신에게 주어진 운명을 감당하고 있다. 그러면서 "활짝 핀 꽃잎들이 한 잎 두 잎 떨어지"듯이 그렇게 소멸을 향해 나아가고 있다. 시적 주체는 이러한 상황에 대해서 "떠밀린 당신들의 천국"이라고 하면서 "뉘를 위한 천국인가"라고 항의하고 있지만, 시적 주체인 아버지는 초연히 주어진 환경에서 티티새처럼 하루를 보내고 있다. 이러한 모습은 안타까움을 넘어서 어떤 성스러움을 느끼게 하는데, 혼자서 감당해야 하는 운명을 오롯이 견뎌내고 있다는 점에서 유한성과 그 속에서의 절제된 삶의 형식을 보여주고 있기 때문일 것이다.

다음으로 어머니의 모습은 어떨까?

유품을 정돈하다 눈에 밟힌 그 스카프

가나긴 날 휘감았던 지나온 저린 얼룩
어머니 가루분 체취
꽃잎 위에 실어온다

장롱 속 수납장에 잠자듯 가물거리고
어느 날 먼지 털다 발등에 툭 떨어진
한순간 소름 돋듯이
꽃무늬가 고개 든다

말로는 차마 못해 안부 묻는 몸짓으로
강 건너 보내오는 후드득 매화 소식
어느새 또 봄이 오려나
거울 앞이 환하다
―「꽃무늬 스카프」 전문

시적 정황으로 보아 어머니는 이미 이승의 강을 건너갔다. 하지만 존재의 소멸이라는 것은 완벽할 수는 없는 것이어서 어머니는 자신의 분신 같은 "꽃무늬 스카프"를 "얼룩"처럼 남기고 가셨다. 시적 주체는 그 꽃무늬 스카프에서 "가루분 체취"를 맡으며 어머니가 생존하실 때의 감각을 회감한다. 그러자 시적 주체는 놀라운 존재의 변신을 경험하는데, 갑자기 세상이 환해지면서 봄날의 기운을 느끼게 되는 것이다. 어머니는 피안으로 떠나셨지만 꽃무늬 스카프라는 유품을 통해 여전히 시적 주체와 교신하고 소통하고 있는 것이다.

그리하여 시적 주체는 "강 건너 보내오는 후드득 매화 소식"을 어머니가 전하는 "안부 묻는 몸짓"으로 해석하며 봄기운을 감지하게 된다. 어머니에 대한 기억과 추억은 시적 주체에게 따스한 봄날과 같은 포근한 정서를 산출하여 아득한 감회로 빠져들게 하는 것이다. 어머니에 대한 시조 한 편을 더 보자.

> 바람은 옹기종기 식솔처럼 따라와서
> 침묵으로 느런히 선 밤나무 숲 뒤흔들고
> 알알이 굵어진 송이
> 수런수런 일렁인다
>
> 알밤 툭! 떨어진다 앙다문 입 궁금한지
> 가시 발린 오동통한 말씀들이 쌓여간다
> 오십견 가파른 언덕
> 떨어지는 우박같이
>
> 보듬는 그 약손으로 "애야! 애야, 별일 없니?"
> 길 떠나신 어머니가 정문일침頂門一針 일깨우나
> 우듬지 환한 밤나무
> 양팔 벌리고 서있다
> ―「밤나무 어머니」 전문

"알알이 굵어진 송이"를 지니고 있는 밤나무가 어머니의 은유로 설정되어 있다. 밤나무에서 어머니의 모습을 읽어내는 것은 그만큼 시적 주체가 어머니에 대한 그리움을 품고 있다는 방증이 되겠다. 그런데 왜 시적 주체는 그 까칠한 밤나무를 보면서 어머니를 생각하는 것일까? 그것은 두 가지 속성 때문인데, "말씀"과 "약속"이라는 어휘가 그것을 대변해주고 있다. 다음 장에서 살펴볼 것이지만, 시인에게 자연은 항상 "상형문자"로서 어떤 메시지를 함축하고 있는 대상으로 수용되고 있는데, 이 시에서 밤나무 또한 예외가 아니다. 그것은 "가시 발린 오동통한 말씀"으로서 시적 주체에게 수많은 메시지를 함의하고 있는 대상인 것이다. 물론 그 말씀은 "얘야! 얘야, 벌일 없니?"와 같은 염려와 사랑의 말씀도 포함하고 있으며, 그러한 점에서 어머니의 말씀은 "오십견"을 "보듬는 그 약손"이기도 하다. 어쩌면 시적 주체는 어머니의 그러한 염려와 배려와 보살핌으로 인해서 살아가고 있는지도 모른다. "길 떠나신 어머니"는 밤나무가 되어 시적 주체 곁으로 환생하여 그 알밤의 말씀과 약속을 통해서 시적 주체를 위로하고 치유하면서 삶의 자양분이 되어주고 있는 것이다. 시인은 이처럼 자신의 삶의 토대를 제공해주는 아버지와 어머니로부터 삶을 살아갈 원천을 얻으며 주변의 세계로 눈길을 돌린다.

2. 자연, 상형문자와 경전의 세계

류미월 시인의 시조 가운데 가장 우아하고 완미한 아름다움을 지니고 있는 작품들이 자연을 대상으로 한 것이다. 시인에게 자연은 부족할 것이 없는 그 자체로 완벽한 대상이며, 상징주의자들의 그것처럼 항상 어떤 의미와 메시지로 충만한 "상형문자"이기도 하다. 또한 그것은 우주의 이법과 삶의 순리에 대해서 거룩한 가르침을 전달하는 하나의 경전이기도 한데, 시인은 그 문자를 해독하여 자연이 전하는 의미를 포착하려고 하며, 그것을 본받아 삶의 충일을 꾀하려고 한다. 시인이 구축한 아름다운 자연의 세계로 들어가 보자.

싸하게 퍼지는가? 짠내음 밭이랑 사이
날것들 비린내를 한 줌 뿌려 숨죽인 듯
와스스!
물방울 경전
가슴 한쪽 매달고

메밀꽃 송이마다 대롱대롱 초롱 달고
종소리 바람 타고 빛과 소금 일궈내네
온몸을
다 내준 자리
소금꽃 눈부신 날

―「메밀밭 에피그램」 전문

메밀밭에 핀 메밀꽃 보면서 그것이 다양한 가치와 의미의 은유임을 읽어내고 있다. 시적 주체가 읽어낸 메밀꽃은 "날것들"의 "비린내"와 같이 생명의 원초적 모습을 띠고 있기도 하고, 세상을 환하게 밝히는 "초롱"과 같은 것이기도 하다. 그리고 그것은 "온몸을 다 내준 자리"에서 "소금꽃"을 피워내고 있다. 시적 주체가 보기에 메밀꽃은 이러한 속성을 지니고 있기에 거기에서 "빛과 소금"과 같은 성향을 발견하는 것은 어려운 일이 아니며, 그러하기에 메밀꽃을 하나의 "경전"으로 읽는 것은 당연한 것이다. 성경에서 말하는 이른바 "빛과 소금"과 같이 세상을 환히 비추며 썩지 않도록 하는 역할을 하는 것이 메밀꽃이라면 그것이 경전이 아닐 이유가 없기 때문이다. 시인에게 메밀꽃은 단순히 메밀을 생산해서 우리에게 일용할 양식을 주는 곡물일 뿐만 아니라 생명의 존엄성과 헌신과 희생이라는 도덕적 덕성을 일깨워서 우리의 영혼을 풍요롭게 해주는 종교적 메시지의 담지체이기도 한 것이다. 자연의 경전을 한 편 더 읽어보자.

하루 접고 집을 찾는 뒷모습이 붉디붉다
오늘 한 장 시한부 삶 염화미소 낙관 찍은

사위기
직전의 불꽃

심장 박동 장엄하다

낱장마다 피운 꽃잎 얼룩으로 시린 비애
흘림체로 떨어진다 묵언의 굳은 말씀

해조음
파랑 줄 긋고
내달리는 둥근 바퀴

시간 페달 밟을수록 쌓여가는 책의 이력
고요 속 푸른 바다 어제보다 수심 깊다

또 한 장
지우는 얼굴
핏빛 하늘 태운다
—「붉은 경전을 펼치다—낙조」 전문

석양의 지는 해 주위로 퍼지는 붉은 빛인 "낙조落照"를 보면서 거기에서 또한 세상의 이치를 담고 있는 경전을 읽어내고 있는 작품이다. 어찌해서 낙조가 경전일 수 있는 것일까? 낙조는 "하루 접고 집을 찾는 뒷모습"이기도 하고, "오늘"이 "한 장 시한부 삶"이라는 것을 알려주는 표지이기도 하다. 또한 그것은 시인의 특유한 상상력의 영역에 속하는 것으로서 하나의 "상형문자"라고 할 수 있으며, 그러하기에 "묵언의 굳은 말

쏨"이기도 하고 "시간의 페달 밟을수록 쌓여가는" 한 권의 "책"이기도 하다. 그러니까 낙조란 하루라는 시간과 그것의 종결을 알려주는 표지임과 동시에 삶의 유한성과 그 절박성을 강조하는 현상이기도 하다. 낙조란 "사위기 직적의 불꽃"이며 "심장 박동 장엄하다"라는 구절에서 그러한 사실을 확인할 수 있다.

하지만 "사위기 직전의 불꽃"인 낙조는 또한 "염화미소"의 "낙관"이기도 하고, "해조음 파랑 줏긋고 내달리는 둥근 바퀴"이기도 하다. 그러니까 낙조란 "염화미소"로서 부처님이 말을 통하지 않고 마음에서 마음으로 전한 불법을 가리키는 상형문자이기도 한 것이다. 또한 그것은 밀물과 썰물의 소리, 혹은 파도소리를 뜻하는 "해조음"을 울리며 "내달리는 둥근 바퀴"라는 점에서 세상의 모든 존재자들이 오고 가는 이치를 담고 있는 어떤 원리를 내포하기도 한다. 해조음이 고통받는 중생을 위하여 크고 우렁차게 한결같이 설법하는 부처나 관세음보살의 소리를 뜻한다는 점을 생각해 보면, 해조음을 울리면 돌아가는 둥근 바퀴로서의 낙조가 더욱 예사롭지 않다. 이처럼 무한히 증폭하는 메시지를 지니고 있는 상형문자가 바로 낙조이기에 그것은 시적 주체에게 하나의 경전으로 다가오는 것이다. 자연에 대한 시인의 관점이 "푸른 바다"속의 "수심"보다 깊은 것을 확인할 수 있다. 바람꽃은 어떨까?

눈길 외진 그 둔덕에 다시 핀 하얀 울음
금빛 양달 비켜선 듯 응달에서 분 바르고
눈석임 머리에 이고
겨울의 강 건넜을까

잠시 스쳐 사라지는 아네모스 너도 바람
입술 가득 못다 한 말 고조곤히 연둣빛
바람이 머물다간 자리
가전체를 거푸 쓴다

까치발 딛고선 거기 불 밝힌 골짜기에
느루 펼친 상형문자 옹기종기 심어놓고
이 나라 먹빛 하늘에
비밀 하나 매다는가?
　　　　　　　　　　　―「너도바람꽃」 전문

　류미월 시인은 4음보의 유장한 시조 가락을 활용하면서 깊이 있는 사유를 담고 있다. 이른 봄날 주로 외진 곳의 반그늘에서 피어나는 너도바람꽃을 "상형문자"로 수용하며 그것이 전하는 메시지를 읽어내고 있는 작품이다. 시적 주체가 보기에 그것은 "입술 가득 못다 한 말"을 품고 있는 함축적인 언어이며, "가전체를 거푸 쓰"고 있는 사연과 스토리의 담지체이기도 하다. 너도바람꽃이 지니고 있는 스토리와 메시지는 무엇인가? 셋째 수에서 "까치발 딛고선 거기 불 밝힌 골짜기"라든가 "이 나라 먹빛 하늘에" 매다는 "비밀"이라는 함축적인 이미지로 그려내고 있듯이 그것은 추운 겨울을 견디면 어김없이 봄이 온다는 것, 혹은 어두운 밤을 견뎌내면 어김없이 밝는 새벽이 온다는 전언일 것이다. 자연은 그저 무심히 존재하는 것이 아니라 시인에게 무한한 메시지와 전언을 담고 있는 거대한 하나의 상형문자인 것이다. 자연을 다룬 표제시를 살펴보자.

> 살구와 자두나무를 접붙여서 심는 날
> 햇살과 바람에 새 울음이 새살 돋고
> 볼 탱탱 다디단 과실
> 열리는 꿈을 꾼다
>
> 거름 주고 가지치기 사람의 일이라면
> 목마를 때 비 흠뻑 내리는 건 하늘의 일
> 둘이서 한 몸이 되어
> 무성하게 번진다
>
> 해도 해도 죽어라 안 되는 일 비일비재
> 나무와 사람 사는 일 어디 크게 다를까
> 나무도 제 할 일 다해
> 금빛나는 과일들
>
> ─「나무와 사람」 전문

"살구와 자두나무를 접붙"인다는 발상이 예사롭지 않다. 상상력을 발휘해 보면, 자연이란 결국 접붙임의 연속일 수 있기 때문이다. 나무의 잎은 햇살과 접붙여서 광합성 작용을 하며 에너지를 얻고, 나무의 뿌리는 땅과 접붙어서 수분과 자양분을 빨아들인다. "거름 주고 가지치기는 사람의 일"이라고 했는데, 그렇다면 나무는 사람과 접붙이는 것이라고 할 수 있으며, "목마를 때 비 흠뻑 내리는 건 하늘의 일"이라고 했는데, 그렇다면 나무는 하늘과 접붙이는 것이라고 할 수 있다. 그러니까 나무란 상응相應과 교감交感의 산물이라고 할 수 있으며, 그러한 점에서 자연의 한 이치를 대변해주고 있는 셈이다.

접붙인 나무는 "햇살과 바람에 새 울음이 새살 돋고", "볼 탱탱 다디단 과실/ 열리는 꿈을 꾼다." 결국 나무는 "제 할 일 다해/ 금빛나는 과일들"을 주렁주렁 매달게 되는데, 이러한 결과는 사람과 하늘과 나무가 함께 이루어낸 결실이라고 할 수 있다. 그러니까 나무는 과실의 꿈을 꾸고 사람과 하늘은 제때에 거름과 비를 제공해주서 "금빛나는 과일들"을 산출해낸 것이다. 줄탁동시啐啄同時라는 말이 있는데, 닭이 알을 깔 때에 알속의 병아리가 껍질을 깨뜨리고 나오기 위하여 껍질 안에서 쪼는 것을 줄啐이라 하고 어미 닭이 밖에서 쪼아 깨뜨리는 것을 탁啄이라 한다. 그러니까 하나의 생명이 탄생하기 위해서는 내부의 열망과 외부의 응답이 동시에 필요하다는 것인데, 결실은 바로 그러한 속성을 지니고 있다. 시인은 자연의 상형문자를 통해서 접붙임과 줄탁동시라는 메시지를 읽어내고 있는 셈이다.

3. 부조리한 현실, 비인간적 세상

류미월 시인의 시조 세계에서 자연이 세상의 이치와 삶의 이치를 새겨놓은 거대한 상형문자와 경전으로서 거룩하고 신성한 속성을 지니고 있다면, 인간들이 만들어낸 사회는 속악하고 부조리한 것으로 파악되고 있다. 현실에 대한 알레고리로서의 시조의 양식을 잘 발현시키고 있는 이러한 작품군들에는 현실에 대한 날카로운 비판의식이 녹아 있는데, 자연과 대비되는 불완전한 조직체로서 사회는 자연의 상형문자와 경전에 귀기울여야 한다는 시인의 시의식과 시적 구도를 읽어낼 수 있다. 부조리한 현실의 세계로 들어가 보자.

안내원 대신 서있는 도심 책방 도서검색대
몇 번 누른 엔터키가 책 위치 알려주고
말없이 한 몫의 자리
순식간에 삼켰다

셀프주유 페이결재 슈퍼마켓 무인ATM

하루를 조공하듯 노동력도 진상하는
축적된 시간의 첨탑 속절없이 무너진다

일개미 밥그릇 축낸 실체 없는 그림자들
사람과 사람 사이 막장 하나 파 놓은 채
잠 잊은 스물 네 시간
해가 질 줄 모른다
─「그림자 노동」 전문

 '알파고'로 대변되는 인공지능 시대에는 인간의 노동을 AI가 대신할 것이라는 예측이 난무하고 있는데, 그러한 현실은 이미 우리의 눈앞에 와 있는지도 모른다. "도서검색대"라든가 "셀프주유", "페이결재기", "무인 ATM" 등의 기기들이 과거에는 사람의 일이라고 생각되던 영역을 잠식하고 있기 때문이다. 그것들은 이미 "말없이 한 몫의 자리"를 "순식간에 삼켜"버리고, "하루를 조공하듯 노동력도 진상하는" 역할을 담당하고 있다. 이른바 그림자 노동(shadow work), 즉 노동을 했지만 보수를 얻지 못하는 무급 활동이 만연하면서 인간의 영역은 점차 축소되고 점점 더 자신의 영향력을 상실하면서 초라해지는 결과가 산출되고 있는 것이다. "일개미 밥그릇 축낸 실체 없는 그림자들"이라는 구절은 바로 그처럼 인간노동력을 대신하는 무인시스템의 의미와 역할을 표현하고 있다.

하지만 시적 주체가 보기에 더욱 심각한 것은 무인시스템이 사람과 사람 사이의 관계조차 단절시키고 교감과 공감의 사회적 본성조차 변질시킬 수도 있다는 점이다. "사람과 사람 사이 막장 하나 파 놓은 채"라는 구절이 그러한 우려를 대변해주고 있다. 그리고 더욱 우려되는 것은 그림자 노동의 주체인 무인시스템은 "스물 네 시간" 잠을 잘 줄 모르며, 따라서 그 세계에서는 "해가 질 줄 모른다"는 점이다. 쉬는 것도 모르고 잠잘 줄도 모르는 무인기계의 세계, 인간은 그러한 기계에 둘러싸여 살아가야 하는데, 접붙임이라든가 줄탁동시의 세계인 자연, 그리고 언제나 친근한 눈빛으로 어떤 메시지와 의미를 전해주는 상형문자와 경전의 세계인 자연과 비교해 보면 인간이 만든 사회라는 것이 얼마나 삭막한 것인지를 짐작할 수 있다. 하지만 노동할 수 있는 사회라고 해도 상황은 달라지지 않는다.

밤낮이 뒤바뀐 날 우화를 꿈꾸는가?
발품 파는 겹 벌이 빚 풍선 줄지 않고
취객을 볼모 잡은 듯
총알같이 달린 하루

밤새워 톱질하고 어둠 한 쪽 잘라내도
반지하 단칸방에 따리 트는 시린 허기
도심의 엉킨 실핏줄
울혈처럼 맺혀 있다

>구겨진 살림살이 언제쯤 퍼질 건가
>목울대를 간질이는 맴맴맴! 호출음들
>터진 등, 껍질을 깨고
>제 몸 풀어 날개 펼까?
>
>―「대리기사 K씨」전문

대리기사 K씨의 삶은 매미에 비유되어 그 고단함과 절박함이 강조되고 있다. "우화"라든가 "맴맴맴! 호출음들", 그리고 "터진 등, 껍질을 깨고/ 제 몸 풀어 날개 펼까?"라는 구절을 보면 대리 기사 K씨의 인생이 매미의 그것과 유사한 것을 알 수 있다. 매미가 그러한 것처럼 대리기사 K씨는 지금 미래의 가능성, 즉 탈피하고 우화하기 위해서 7년간의 긴 땅속 생활을 견디고 있는지 모른다. 그는 "발 품 파는 겹 벌이" 생활을 감당하고 있으며, "총알 같이 달린 하루"에서 알 수 있듯이 위험한 노동을 감내하고 있다. 하지만 여전히 "빚 풍선"은 "줄지 않고" 있으며, "밤새워 톱질하고 어둠 한쪽 잘라내도/ 반지하 단칸방에 똬리 튼 시린 허기"는 여전히 현재진행형이다. 대리기사 K씨의 삶은 "도심의 엉킨 실핏줄/ 울혈처럼" 탈출구 없는 막장 속의 삶과 같이 막막하고 답답한 상황에 처해 있는 것이다.

이러한 상황에서 대리기사 K씨는 "구겨진 살림살이"가 "언제쯤 퍼질 건"지, "껍질을 깨고/ 제 몸 풀어 날개"가 펴지는 언젠가 있을 "우화"의 그날을 꿈꾸고 있지만,

그것이 언제가 될 지는 기약할 수 없다. 그의 삶은 "도심의 엉킨 실핏줄/ 울혈"처럼 구조적인 문제의 한 가운데에 놓여 있으며, 도심의 실핏줄이 풀려서 원활하게 돌아갈 때 그의 우화도 가능할 것이지만, 그것이 언제가 될지는 기약할 수 없기 때문이다. 그는 매미처럼 껍질을 깨고 우화하여 아름다운 비상을 하는 그날까지 낮과 밤을 노동에 투신하며 "겹 벌이"의 생활을 유지해 나갈 것이다. 시인은 독자들에게 이러한 현실에 주목할 것을 요구하며, 현실에 대한 강렬한 비판의식을 표출하고 있다. 노동의 현실이 이러하다면 우리의 가정은 어떤 상황일까?

식구 대신 환히 맞는 발길 멈춘 카페에는
김밥 한 줄 두 배 넘는 폼나는 커피 한 잔
좁은 방 박차고 나온
시린 젊음 녹이고

요양원, 원룸 고시텔 거리 시위 나온 듯이
줄줄이 사탕처럼 한 집 건너 즐비한가?
급기야 죽음마저도
딴 집에서 맞고 마는

아랫목 따뜻한 방 낯선 번지 쪽잠 잘 때
사람마저 떠난 집엔 흰 고요만 바닥 쓸고
웃음꽃 피어오르던

> 정든 방을 찾습니다
> ―「방이 가출했다」 전문

"방이 가출했다"는 진술은 아늑하고 포근했던 공간의 상실을 강조할 뿐 아니라, 그 방에서 이루어지던 가족간의 인간관계의 붕괴 현상까지 암시하고 있다. 방의 상실은 곧 가족 사이의 유대감의 상실과 가족의 해체 현상을 반영하고 있는 것이다. 그리하여 현대인들은 불안과 고독이라는 병을 앓게 되는데, "식구 대신 환히 맞는 발길 멈춘 카페"라든가 "요양원, 원룸 고시텔" 등의 공간들이 홀로 된 현대인의 상황을 대변해 준다. 그리하여 현대인들은 "급기야 죽음마저도/ 딴 집에서 맞고 마는" 운명에 처해 있는데, 삶뿐만 아니라 죽음마저 안식과 평안을 얻을 수 없다는 점에서 현대인들은 '고독사'라는 어휘가 암시하듯이 그야말로 홀로 살아가고 죽어야 하는 단자화되고 파편화된 존재로 전락하고 만 것임을 짐작할 수 있다. 시인은 "시린 젊음"이라든가 "낯선 번지", 그리고 "쪽잠" 등의 어휘를 통해서 현대인들이 처해 있는 불안과 공포의 내면 풍경을 전경화하고 있으며, "흰 고요"라는 이미지를 통해서 그러한 정동의 어떤 극한 상태를 암시하고 있기도 하다. 그런데 현대인들이 이처럼 분리되고 고립된 것은 요즘 한창 주가를 올리고 있는 4차 산업혁명의 그늘이라는 점에서 문제의 심각성을 발견할 수 있다.

엄지가 신들렸다 네모 위에 너울질로
중독된 시간 속을 넘나드는 환한 불빛
화성인
불시착했나
교란 신호 뜨악하다

스마트폰 봇물 터져 살가운 말 사라지고
풀지 못한 상형문자 속삭임이 간절하다
블랙홀
허우적대는
일개미의 먹먹함을

다디단 꿈 냉큼 깨운 후드득 알림 문자
걸음마다 끌고 가는 뵈지 않는 족쇄인가
탈출을
기도하는가
땀에 젖은 피에로!

—「중독에 빠지다」 전문

  현대인들에게 손안의 우주라고 할 수 있는 스마트폰 중독을 고발하고 있는 작품이다. "네모 위의 너울질"은 스마트폰 안에서 이루어지는 현대인의 허망한 삶의 양식을 암시하고 있다. 너울질이라는 것이 전통 가면극인 탈춤에서 탈을 쓰고 날아 보려고 노력하는 시늉을 하는 춤사위를 뜻한다는 것을 생각해보면 시인의 메시지를 짐작할 수 있다. 특히 "족쇄"라든가 "탈출", 그리고 "땀에 젖은 피에로!"라는 시어와 구절들을 보면, 현대인들이 스마트폰이라는 감옥에 갇혀서 헤어나오지 못하고 있으며, 자신의 주체적인 삶을 추구하는 것이 아니라 관객의 요구에 응해서 익살과 연기를 보여주는 어릿광대와 같은 삶을 살고 있음을 신랄하게 비판하고 있음을 짐작할 수 있다.

그런데 이처럼 스마트폰이라는 "블랙홀"에 빠져들어 가면서 발생하는 문제는 앞서 분석한 작품에서 경고했던 것처럼 단자화되고 파편화되어 고립과 고독의 정동에 힘몰되고 만나는 섬에서 심각성이 있다. "스마트폰 봇물 터져 살가운 말 사라지고"라는 구절에서 현대인들이 처한 고립과 소외의 현상을 짐작할 수 있는데, 그러한 원인으로는 "풀지 못한 상형문자 속삭임이 간절하다"에서 짐작할 수 있듯이 현대인들이 자연, 혹은 본성Nature으로부터 소외되고 있기 때문이라고 할 수 있다. 상형문자가 자연의 한 속성이라고 할 때, 그러한 메시지와 경전으로부터의 소외가 현대인들의 고립과 고독을 야기한 것이라고 해석할 수 있는 것이다. "화성인/ 불시착했나/ 교란 신호 뜨악하다"라는 구절을 보면, 소통을 위한 기기인 스마트폰이 소통과 연대를 오히려 차단하고 방해하는 매개체로 전락하고 있음을 알 수 있는데, 시인은 문제 해결을 위해서 스마트폰이라는 기기 대신에 상형문자로서의 자연에 대한 관심을 환기하고 있음을 알 수 있다.

4. 시간, 무화와 생성의 원천

류미월 시조 미학의 네 번째 주제는 '시간'이라고 할 수 있다. 시간이라는 주제는 자연과 현실처럼 객관적인 것이기는 하지만, 시적 주체에게 그것은 아버지와 어머니처럼 지극히 개인적이고 실존적인 영역으로 수용된다. 대체로 시라는 양식이 공유하고 있듯이 류미월 시인의 시적 공간에서도 시간이란 객관적인 척도로 측정되는 물리적인 대상이 아니라 개인의 체험을 형성하는 삶의 형식으로서 지극히 주관적인 영역에 속하는 것이기 때문이다. 특징적인 점은 류미월 시인의 시적 공간에서 시간은 모든 존재자들을 무화시키는 파괴적인 속성을 지니고 있지만, 그러한 속성으로 인해서 또한 풍요로운 정서적 원천과 심미적 원천이 되고 있다는 점이다. 류미월 시인이 그려내는 시간의 무늬를 읽어보자.

눈맞춤
몇 번 만에
온데간데 없어진 꽃

초록 잎 꿈틀대는 왕벚나무 가지 사이

흰 구름
머물다 간다

너도 한때 그랬다

―「순간」 전문

'화무십일홍花無十日紅'이라는 말이 웅변해주듯이, 아름다운 개화의 순간을 순식간에 지나가 버린다. "눈맞춤/ 몇 번 만에/ 온데간데 없어진 꽃"은 그처럼 아름다운 순간의 찰나적 속성을 잘 표현해주고 있다. 아름다웠던 꽃의 시간은 가고 이제 성장과 노동의 시간인 "초록 잎"의 시간이 다가온다. 그런데 그처럼 짧게 끝나버린 시간이기에 그것은 영원히 반복되는 추억을 생성하고 유한자들은 기억을 통해서 그러한 순간으로 회귀하고자 한다. "왕벚나무 사이"에서 "흰 구름 머물다 가"는 것처럼 한때 꽃다운 시간을 만들어주었던 "너"를 회상하며 아득한 그리움에 젖어드는 시적 상황이 그러한 사실을 증명하고 있다.

외딴 섬 교실 두 칸
자물쇠가 걸려 있다

아이들 재잘거림 썰물 따라 몰려간 뒤

개망초 하얀 꽃들만 화단 가득 피어 있다

움달진 처마 밑에 참선하듯 매달린 종

스스로 울지 못해 바람에 몸을 맡기면

알알이
터지는 그리움
파도소리로 울린다
—「신도에서」 전문

폐교가 되어서 아무도 찾지 않는 시골 학교의 교정을 보면서 느껴지는 정동이 그려지고 있다. "외딴 섬"이라든가 "교실 두 칸" 등의 시어들은 독자들을 한적하고 고적한 정서로 이끌어간다. 지금은 사라져버린 "아이들 재잘거림"에 대한 상상은 한적한 폐교의 정황을 더욱 쓸쓸하게 한다. 개망초들이 장악한 화단, 그리고 바람에 흔들리고 있는 "처마 밑의" 학교 종은 시간의 무상함을 증폭시키는 역할을 한다. 시적 주체는 참았던 울음을 터뜨리듯이 "알알이 터지는 그리움"을 부조하면서 그것이 "파도소리로 울린다"라고 묘사하고 있다. 시간의 흐름은 인간의 흔적들을 지우지만, 또한 지우는 그만큼 그리움의 정동을 생성시키는 역할을 하고 있는 셈이다.

깊이 잠든 뻐꾹 시계 고향 집 그 안채에
안부 묻듯 얼굴 내민 빛바랜 가족사진

잘 왔다! 부둥켜안는
빛바랜 눈동자

곳간 한쪽 웅크렸던 놋그릇 이마 위에
편두통 푸른곰팡이 흘림체 끌어안고
한창때 일가의 가전체
꿈결인 듯 누워있다

시간 앞에 무너지다 포개진 옛 그림자
꾸벅꾸벅 졸다 말고 화들짝 놀라 깰 쯤
뒤란의 앵두꽃 무덤
삽화 한 장 개칠한다
─「봄, 저문 날의 삽화」 전문

고향의 옛집을 찾아가는 것은 시간을 거슬러 올라가는 것과 같다. 거기에는 유년 시절에 접했던 친숙한 사물들과 추억이 고스란히 남아있기 때문이다. 그곳에서 발견하는 "깊이 잠든 뻐꾹 시계"는 고향의 옛집이라는 공간이 과거 유년의 시간에 멈춰 있어서 더 이상 시간이 흐르지 않는다는 사실을 알려준다. 그리고 거기에는 "빛바랜 가족사진"이라든가 "곳간 한쪽 웅크렸던 놋그릇" 등이 있는데, 그러한 사물들은 그 집에 깃들어 있는 "일가의 가전체"로서 과거의 시간과 거기에 깃든 추억을 웅변해주고 있다. 그것들은 "시간 앞에 무너지다 포개진 옛 그림자"로서 과거의 시간과 사건들을 담고 있는 화석化石과 같은 것들이라고 할 수 있다. 시적 주체는 그러한 화석들을 발굴하면서 연어의 회귀처럼 아득한 시간을 거슬러 올라가 과거의 시간에 잠겨든다. 시간의 파괴적인 속성에도 불구하고 과거의 시간은 영원한 원천으로 작용하면서 현재의 시적 주체에게 무한한 그리움의 정동을 생성하고 있음을 확인할 수 있다. 마지막으로 시간에 대한 시조를 한 편 읽어본다.

    싱싱한 생의 마디 꾹! 짜서 덧칠했나
    분홍 분홍 꽃분홍이 안개인 듯 구름인 듯

    멈춰서
    가만히 본다
    한때 내가 거기 있다

    단칸방 물들이던 색과 향은 흐릿해져
    저물 일만 남았어도 하! 서럽지 않다고

    새봄을
    뿜어 올린다
    가지 끝에 손끝에
                      ─「복사꽃 한나절」 전문

  봄에 피어난 화려한 복사꽃을 음미하자 시적 주체는 그 속에 자신의 "한때"가 스며 있음을 발견한다. "분홍

분홍 꽃분홍"의 화려했던 시절과 청춘의 젊고 "싱싱"했던 "생의 마디"가 복사꽃 속에 고스란히 담겨 있는 것이다. 아름답고 화려한 복사꽃 속에서 자신의 청춘과 유년의 시간을 발견한 시적 주체는 "단칸방 불들이던 색과 향"이 이제는 "흐릿해져/ 저물 일만 남았어도" "서럽지 않다고" 고백할 수 있게 된다. 매년 찾아오는 봄과 복사꽃은 시적 주체에게 유년과 청춘의 시절을 환기하면서 영원히 그러한 시간을 반복해서 재생시켜줄 것이기 때문이다. 시적 주체가 "새봄을/ 뿜어 올린다/ 가지 끝에 손끝에"라고 고백하는 구설은 복사꽃의 개화가 초래하는 봄에 대한 묘사이기도 하지만, 복사꽃을 보면서 시적 주체가 과거의 젊은 시절을 환기하고 재생시키는 내면 풍경에 대한 묘사이기도 한 셈이다.

지금까지 류미월 시인의 시조가 읽어낸 가족의 모습과 자연의 모습, 그리고 사회 현실과 시간의 국면에 대해서 살펴보았다. 시인의 삶의 근원으로서 아버지와 어머니는 신산한 삶의 고통을 겪으면서도 묵묵히 자신의 운명을 감당하면서 시인에게 무한한 생명의 원천이 되고 있었다. 스스로 자족한 자연은 시인에게 하나의 거대한 상형문자이자 경전으로서 우주의 이치와 삶의 이법에 대한 메시지를 전하고 있었는데, 시인은 이를 해석하고 수용하면서 삶의 방향성을 설정하고 있었다. 과도한 노동을 강요하기도 하고, 노동을 빼앗아 가기도 하는 사회 현실은 부조리한 것이었으며 4차 산업 혁명은 고립과 고독을 강요하고 있었는데, 시인은 이를 날카롭게 비판하면서 현실에 대한 관점을 정립하고 있었다. 시인에게 가장 서정적인 원천으로 작용하는 것은 시간이었는데, 시인은 거기에서 파괴적인 국면뿐만 아니라 풍요로운 정동의 생성과 삶의 활력을 발견하고 있기도 했다.

첫 시집은 지금까지 살아온 과정을 정리하고 새로운 시적 세계로 나아가는 관문인지 모른다. 류미월 시인은 이 시집을 통해서 그동안 자신과 자신을 둘러싼 세계에 대해서 나름대로 시적 관심과 시의식을 정립했다고 볼 수 있다. 이제는 인간과 사회, 그리고 자연과 세계의 한 국면에 초점을 맞추고 깊이 파고들어서 더욱 개성적이고 독자적인 시의식과 시조 미학을 개척하기를 기대해 본다.

류미월 | 경기 포천 출생. 단국대 대학원 문예창작학과 졸업(문학석사). 2008년 ≪창작수필≫, 2014년 ≪월간문학≫ 시조 등단. 2020년 용인문화재단 문화예술공모지원사업 지원금 수혜. 산문집『달빛, 소리를 훔치다』.

한국대표 정형시선 061

나무와 사람

초판 1쇄 인쇄일 · 2020년 08월 10일
초판 1쇄 발행일 · 2020년 08월 20일

지은이 | 류미월
펴낸이 | 노정자
펴낸곳 | 도서출판 고요아침
편　집 | 정숙희 김남규

출판 등록 2002년 8월 1일 제 1-3094호
03678 서울시 서대문구 증가로 29길 12-27 102호
전화 | 302-3194~5
팩스 | 302-3198
E-mail | goyoachim@hanmail.net
홈페이지 | www.goyoachim.net

ISBN 979-11-90487-39-9(04810)
ISBN 978-89-6039-993-8(세트)

*책 가격은 뒤표지에 표시되어 있습니다.
*지은이와 협의에 의해 인지는 생략합니다.
*잘못된 책은 교환해 드립니다.

| 이 책은 용인시, 용인문화재단의 문예진흥기금을 지원받아 발간되었습니다.

ⓒ 류미월, 2020